Theo von Taane

FUNCRAFT
Noch mehr inoffizielle
Witze
für Minecraft Fans

KEIN OFFIZIELLES MINECRAFT-PRODUKT.
NICHT VON MOJANG GENEHMIGT ODER
MIT MOJANG VERBUNDEN.

Bibliografische Information der Deutschen Nationalbibliothek:
Die Deutsche Nationalbibliothek verzeichnet diese Publikation in der Deutschen Nationalbibliografie; detaillierte bibliografische Daten sind im Internet über http://dnb.dnb.de abrufbar.

© 2017 Theo von Taane; 3. Auflage

Herstellung und Verlag: BoD – Books on Demand, Norderstedt

ISBN: 9783743192607

WITZEKATEGORIEN	Seite
Enderman, ein Jedi der dunklen Macht?	5
Zombies zum Totlachen!	7
Bombiger Spaß mit **Creepers**!	13
Steve dreht auf!	16
Hero Brain oder doch **Herobrine**?	22
N.O.T.C.H. bist du das?	23
Mähh!!! Komm sei kein **Schaf**!	25
Spinne am Morgen...egal ist lustig!	27
Minecraft-**Huhn** als Suppentier?	28
Berühmte **letzte** Torte ähh **Worte**!	29
Chats mit LOL+ Effekt!	31
Hohle **Antworten**? Klangkörper-Effekt!	41
Minecraft **Geheimnisse** enthüllt!	47
Multiplayer games mit bösem Ende!	53
Wow Effekt im **Schneckentempo**!	54
Minecrafter? Die **Allerbesten**!	55

Enderman, ein Jedi der dunklen Macht?

Frage: Warum gehen die Minecraft-Spieler zum Garagenverkauf von Enderman?

Antwort: Um ihre ganzen Sachen zurückzubekommen.

-

Ich wunderte mich, dass Enderman plötzlich größer und größer wurde….. bis er dann direkt vor mir stand.

-

Enderman: „Ich stalke nicht, ich recherchiere nur!"

Privat ist Enderman der voll lustige Typ!

—

Frage: Warum überquerte Enderman die Straße?

Antwort: Tat er nicht, er teleportierte!

—

Frage: Warum hasst Enderman Spiegel?

Antwort: Weil sein Spiegelbild zurückstarrt.

(Enderman mag es nicht wenn man ihn anstarrt)

—

Frage: Was ist der Unterschied zwischen den beiden Beinen des Enderman?

Antwort: Beide Beine sind gleich lang, besonders das Linke!

—

Hast du mal Enderman nackt durch den Wald rennen sehen? Nein? Na dann kannst du mal sehen, wie schnell der sein kann.

Zombies zum Totlachen!

Frage: Welches Duftwasser nimmt der Zombie von heute?

Antwort: Eau de Toilette.

—

Frage: Was steht auf dem Grabstein eines Zombies, der einen explosiven Unfall mit einem Creeper hatte?

Antwort: R.I.P. = Rest in Pieces

—

Frage: Was antwortet der Zombie, wenn man ihn nach dem Weg fragt?

Antwort: Immer der Nase nach (wirft die Nase)

—

Frage: Was tut ein Zombie wenn er verliebt ist?

Antwort: - an den Fingern zupfend - Sie liebt mich, sie liebt mich nicht…

—

Frage: Wie nennen Zombies eine gut besuchte Deathmatch Session?

Antwort: Ein Buffet.

—

Der Anrufbeantworter eines Minecraft-Zombies:

„Falsch verbunden! Ja sie haben richtig gehört, sie sind falsch verbunden. Denn sie sprechen gerade mit einem Anrufbeantworter anstatt mit mir, und das wollten sie doch sicher nicht, und dann kommt noch so eine schwachsinnige automatische Ansage. Finden sie das etwa richtig?

Na also. Also legen sie am besten sofort wieder auf, dann brauchen sie auch nicht stotternd eine Nachricht zu hinterlassen. Na?"

—

Der Anrufbeantworter des Minecraft-Krematoriums:

„Hier ist das Minecraft-Krematorium. Wir haben zur Zeit Hochbetrieb, alle Öfen sind an der Grenze ihrer Kapazität angelangt. Daher können wir uns im Augenblick auch nicht selbst um sie kümmern. Hinterlassen sie uns bitte ihren Namen und ihre Rückrufnummer, damit wir ihrem Zombie einen Verbrennungstermin zuteilen können."

—

Kämpfen zwei Zombies um ihr Leben…

—

Der Zombie der die Hühner frisst, ein hundsgemeines Haustier ist.

—

Hat der Zombie kalte Schuhe, steht er wohl in Steve's Tiefkühltruhe.

—

Frage: Wie nennen Zombies Skelette?

Antwort: Leergut

—

Zwei Zombies treffen sich um Mitternacht auf dem Friedhof. Sagt der eine:

„So, du machst also auch Inventur?"

-

Stehen zwei Zombies auf der Mauer, der eine fällt runter, der andere ist auch tot.

-

Die letzten Worten des Arztes der einen Zombie behandelte: „Sag Ahhhhhh…"

Bombiger Spaß mit Creepers!

Frage: Was passiert, wenn du eine Hexe mit einem Creeper kreuzt?

Antwort: Ein Creeper mit einer großen Nase und Warze obendrauf!

—

Wenn der Creeper ganz laut kracht,

ist es höchstwahrscheinlich Nacht.

—

Es klopft an der Tür. Steve öffnet und vor ihm steht ein Creeper. Bevor dieser explodiert sagt Steve noch: „Na, wenigstens hat er vorher angeklopft."

—

Frage: Wieviele Creepers braucht man, um die Welt zu zerstören?

Antwort: 555555555555555555555555555 555555555555555555555555555 55555555555555...

—

Klopf klopf.

„Wer ist da?"

„Creeper."

„Creeper wer?"

BOOM!

—

Es klopft an der Tür. Steve macht auf. Ein Creeper mit schwarzer Maske steht vor ihm und ruft „Luke, Luke ich bin dein Vater…."

BOOOM!

—

Treffen sich zwei Creeper.

Sagt der eine: „Halt den Mund!", antwortet der andere: „Ok!"

—

Stehen zwei Creeper in einem Haus.

Sagt der eine: „Ohh… ist dir auch so langweilig?"

Antwortet der andere:

„Ja, komm lass uns *hochgehen!*"

—

Frage: Was ist das Lieblingsspielzeug eines Creepers?

Antwort: Ein BOOM-erang!

Steve dreht auf!

Steve kommt in eine Bäckerei und sagt: „Ich hätte gerne 10 Brötchen."

Sagt der Bäcker: „Nimm doch 9, dann hast du 30 Cent übrig und kannst dir noch eins kaufen!"

—

Steve fährt Bahn. Fragt ihn der Schaffner:

„Wieso hast du denn keine Fahrkarte?"

Steve: „Ich existiere gar nicht in der Wirklichkeit, daher muss ich auch keine Fahrkarte kaufen."

—

Sitzen drei Steves im Zimmer und stapeln Blöcke.

Dann geht einer raus und die beiden Verbliebenen versuchen zu erraten, wer gegangen ist…

Steve und ein Kumpel gehen durch die Wüste.

Fragt Steve: „Warum trägst du eigentlich die ganze Zeit diese Autotür mit dir rum?"

Antwortet der andere: „Na ja, wenn mir zu heiß wird, dann kurble ich das Fenster runter."

—

Kommt Steve zum Psychologen und sagt: „Meine Frau sagt, ich sei ihr einfach zu kantig."

Die letzten Worte von Steve: „Enderman? Nein der tut nichts. Komm ich zeig es dir."

-

Steve hat 83 Baublöcke.

Frage: Wie oft kann er 9 Baublöcke von den 83 Baublöcken abziehen und was bleibt dann am Ende übrig?

Antwort: Steve kann so oft er will 9 Blöcke von den 83 Blöcken abziehen und es bleiben jedes Mal 74 Blöcke über.

-

Frage: Was ist klein und wendig, läuft vor Steve auf der Wiese davon und qualmt?

Antwort: Ein Kaminchen!

—

Frage: Welche Art von Fernseher hat Steve sich gekauft?

Antwort: Einen Sand-sung!

—

Frage: Wenn Steve kein Miner wäre, was wäre er dann stattdessen?

Antwort: Ein Boxer, weil er so gut Bäume behauen kann.

—

Frage: Wie nennt man Steve ohne Kopf?

Antwort: Tot.

—

Es ist Weihnachten in Minecraft.

Da fragt Steve nachdenklich Notch: „Welche Nationalität hat eigentlich der Weihnachtsmann?"

Antwortet Notch: „Nordpole ☺"

—

Welches ist das Lieblingsobst von Steve?

Gemüse.

—

Steve kommt um 6 Uhr morgens zu den Hühnern gelaufen und ruft:

„Raus aus den Federn!"

Hero Brain oder doch Herobrine?

Frage: Wie spioniert Herobrine die Minecraftspieler aus?

Antwort: Er nutzt „spy-ders"

(spy= spionieren; Spiders= Spinnen)

-

Sagt Herobrine zu Steve: „Na, wie sehe ich aus?"

Sagt Steve: „Weiß ich nicht, ich kann dich nicht sehen."

—

Der Anrufbeantworter von Herobrine:

Hier ist der Anschluss von Herobrine. Sie brauchen keine Nachricht zu hinterlassen, da ich bereits alles weiß."

N.O.T.C.H. bist du das?

Gedanken von Notch:

„Ich war Atheist, bis ich merkte, dass ich Gott bin."

—

Letzte Worte des Minecraft Buddhisten kurz vor dem Ausscheiden aus dem Deathmatch Game: „Notch, dein Spawn-Wille geschehe!"

—

Der Anrufbeantworter von Notch:

„Sie haben Notch angerufen, ich bin momentan leider nicht zu erreichen. Bitte hinterlassen sie nach der Nachricht einen Piepton beliebiger Länge."

—

Frage: Was hat einen Bart und erschuf Minecraft?

Antwort: Notch

—

Gott betritt das Spiel.

Notch betritt das Spiel.

Gott sagt: „Es werde Licht!"

Notch sagt: „Sag bitte!"

Gott verlässt das Spiel.

—

Frage: Wie gut ist Minecraft?

Antwort: Top-Notch!

Mähh!!! Komm sei kein Schaf!

Frage: Wie nennt man ein Minecraft-Schaf ohne Beine?

Antwort: Eine Wolke.

—

Frage: Wie macht ein unentschlossenes Minecraft-Schaf?

Antwort: ÄÄÄÄÄHHHHHHMMMM….

—

Frage: Wie nennt man einen Minecraft-Spieler der die Schafe verhaut?

Antwort: Ein Mähdrescher.

—

Als ich die Wolle von einem Schaf nehmen wollte fragte es mich: "**Woll**st du das wirklich?"

Spinne am Morgen...egal ist lustig!

Sagt ein Minecraft-Spieler:

„Also, die Minecraft-Spinne zu sehen ist nicht das Problem. Es wird erst zu einem Problem, wenn sie plötzlich weg ist."

—

Meine Freundin sagte zu mir, ich solle nicht die Minecraft-Spinne töten, sondern sie stattdessen aus dem Raum tragen.

—

Frage: Was trägt die Minecraft-Spinne?

Antwort: Ein webbing-dress

(web = Netz; dress=Kleid)

Minecraft-Huhn als Suppentier?

Kommt das Minecraft-Huhn in den Elektroladen:

„Ich hätte gern 'ne Legebatterie!"

—

Frage: Warum hassen Hühner KFC?

Antwort: Wegen der vielen Golden Nuggets!

—

Frage: Was sagt der Minecraft Truthahn?

Antwort: cobble, cobble, cobble!

Berühmte letzte Torte ähh.. Worte!

Letzte Worte …

… des Minecraft-Spielers: Kann der Bogen tatsächlich echte Pfeile verschießen?

… des Minecraft-Architekten bei einem Erdbeben: „Ich habe dieses Haus entworfen! Wir haben nichts zu befürchten!"

… von Steve am Ufer: „Halte durch ich rette dich!"

… des Minecraft-Elektrobastlers: „Und das Kabel gehört da rein!"

… eines Creepers: „Verdammt habe den Zeitzünder vergessen!"

… eines Minecraft-Spielers: „Ich bleibe solange online, bis es fertig ist!"

… eines Minecraft-Spielers: „Leg das Schwert weg, ich habe auch keins."

… eines Minecraft-Spielers: „Die Potion schmeckt heute irgendwie anders."

(Potion = Trank)

—

Frage: Wie lauten die letzten Worte eines Neulings in Minecraft?

Antwort: „Na, was bist du denn für einer? So grimmig, grün und schweigsam?"

„SSSSSSSSSSSSSSSSSSSSSSSS"

BOOOM!

Chats mit LOL+ Effekt!

Frage: Hast du das von dem Mörder des Schnee Golems gehört?

Antwort: Er wurde ein „cold case"
(Erläuterung: Cold case bedeutet, dass der Fall zu den Akten gelegt wurde, wobei cold = kalt ist)

-

Frage: Wer erschuf Minecraft?

Antwort: Markussssss Persssssson

(genauer gesagt Markus Persson)

—

Bemerkt ein Minecraft-Spieler:

„Zur Realität habe ich nur sporadischen Bezug."

—

„Wenn es jemals ein Minecraft Kinofilm geben würde, dann würde es bestimmt ein ‚**Block**buster' werden."

—

„Das Schlimmste, was mir passieren kann, ist ein Herzinfakt zu bekommen, während ich gerade Minecraft spiele."

—

„Vergib deinen Minecraft-Mitspielern!.... wenn du keine andere Möglichkeit hast es ihnen heimzuzahlen!"

—

„Vielleicht ist die Angst, die du in Minecraft verspürst (z.B. wenn ein Creeper kommt) Gottes Weg zu sagen: ‚Achtung, das könnte Spaß machen!'"

—

Der Minecrafter hatte alles durch einen Überfall verloren.

Man könnte sagen, er ist auf den bedrock bottom aufgeschlagen.

—

„Wenn du mich knacken möchtest, brauchst du eine Diamant-Axt, da ich härter bin als Obsidian."

—

„Deine Freundin ist wie Minecraft."

„Warum? Ist sie so cool?"

„Nein, sie hat keine Kurven."

—

Frage: Warum sind die Bewohner von Minecraft nicht alle gleichberechtigt?

Antwort: Weil sie sich nicht an einen runden Tisch setzen können.

—

„Du weißt, was für eine Art von Mensch ein Minecraft-Spieler ist, wenn du weißt, welchen Spielmodus er gewählt hat:

Friedlich, einfach, normal oder hart."

—

„Neue wissenschaftliche Erkenntnisse belegen, dass wenn du in Lava schwimmen möchtest, du sterben wirst."

—

„So, du willst mir also weismachen, dass Microsoft Milliarden Euros für den Kauf von Minecraft gezahlt hat, anstatt nur ein paar Euros für die App?"

-

Hey, deine Mudda ist so dumm, die baut ein Hausdach aus gravel.

-

Sagt der eine Minecraft-Spieler zum anderen: „Gestern habe ich 1000 Blöcke verlegt."

Darauf der andere: „Na hoffentlich findest du die auch wieder!"

-

„Kleine Elektrokunde für dich, um im Notfall die bloßen Kabel deines

Minecraft-PCs auch ohne Stecker direkt an das Stromnetz anklemmen zu können:

Rot ist schwarz und Plus ist Minus."

-

Während des Minecraftspielens fragt einer der Spieler über Chat: „Wie spät ist es?". Darauf antwortet ein anderer: „Donnerstag." Darauf wieder der andere: „Keine Details; Sommer oder Winter?"

-

Ein Prophet schreibt im Chat während des Minecraftspielens mit über 50 Teilnehmern: „Das Ende ist nah!".

Antwortet einer der Minecraft-Spieler: „Meinst du mich?"

-

„Du bist so nutzlos, wie ein Eimer Wasser im Nether."

-

„Ich bin einmal durch die Hölle gegangen ... Nether again!"

(ist ein Wortspiel mit ähnlich klingenden Worten; statt Never again -> Nether again)

-

Der eine Minecraft-Spieler zum anderen: Ich habe meinen toten smartphone-Akku jetzt weggegeben.

Natürlich ‚Free of charge'."

(Doppelbedeutung: Free of charge bedeutet übersetzt sowohl *kostenfrei*, als auch *entladen*)

—

„Du bist so fett, wenn du anfängst zu graben, musst du ein 10x10 Loch graben, damit du hineinpasst."

—

Sagt ein Minecraft-Spieler zum anderen: „Gestern habe ich zulange in die Sonne geschaut. Jetzt bin ich taub."

—

Treffen sich zwei Minecraftspieler in Minecraft mit Unsichtbarkeitsskin, sagt der eine: „Hah! Lange nicht mehr gesehen!"

-

„Die Spieler die Minecraft spielen und die die nicht Minecraft spielen, das sind die Schlimmsten!"

-

„Ich habe einen Tablet-PC mit Minecraft Version 1.7 und ein Tablet-PC mit Minecraft Version 1.8 aus dem Fenster geworfen. Und tatsächlich Minecraft 1.8 war schneller!"

Hohle Antworten? Klangkörper-Effekt!

Was sagt der Griefer zu dem Noob der bedrock erreicht hat?

„Da sind Reichtümer jenseits deiner Träume unter dem bedrock. Ich kann dich durch einen hack dorthin teleportieren für nur 100 Diamanten!" Und was antwortet der Noob?

„Tue es! Bitte! Yeah! OK!"

—

Frage: Was ist das Lieblingsgetränk von Minecraft-Bäumen?

Antwort: Wurzelbier!

—

Was ist quadratisch, hat Noppen und einen Sprachfehler?

Ein **Lego**steniker.

—

Frage: Warum stellen manche Minecraft-Spieler beim Spielen ihren Monitor auf den Boden?

Antwort: Damit er nicht abstürzen kann."

—

Frage: Woran erkennt man einen Minecraft-Spieler?

Antwort: An den roten Augen.

Eine Frage aus einem Gomme-Spiel:

Frage: „Es sind drei Diamanten da, dann nimmst du zwei weg, wie viele Diamanten hast du dann noch?"

Antwort: „Du hast zwei, die, die du weggenommen hast."

—

Frage: Wann fällt es Minecraft-Spielern besonders leicht abzunehmen?

Antwort: Wenn das Smartphone klingelt.

—

Frage: Wenn 30 Minecraft-Spieler ein großes Haus in 10 Tagen bauen, wie lange dauert es, dasselbe Haus mit nur 15 Minecraft-Spielern zu bauen?

Antwort: 0 Sekunden. Das Haus wurde bereits von den 30 Minecraft-Spielern gebaut.

—

Frage: Was setzt der Minecraft-Gärtner als erstes in seinen Gemüsegarten?

Antwort: Seinen Fuß.

—

Frage: Ein Minecraft-Spieler kann den Punktestand vor jeder Deathmatch-Session exakt vorhersagen. Wie macht er das?

Antwort: Ganz leicht, weil der Punktestand vor jedem Spiel immer 0:0 ist.

—

Frage: Wie kann ein Minecraft-Spieler 8 Tage am Stück Minecraft spielen, ohne zu schlafen?

Antwort: Er schläft in der Nacht.

—

Frage: Wieviel Blöcke liegen in einem 1-Block tiefen und 5x4 breiten Loch?

Antwort: Keine, da es kein Loch mehr ist, wenn Blöcke drin liegen.

—

Frage: Was liegt zwischen einem Minecraft-Meer und Land?

Antwort: Das ‚und'.

—

Frage: Was ist der Unterschied zwischen ‚Jurassic Park' und Minecraft?

Antwort: Bei dem einen rennen Leute wie verrückt herum mit Biestern die es nicht geben sollte und das andere ist ein Film von Steven Spielberg.

—

Frage: Wie halten sich die Minecraft-Berge im Winter warm?

Antwort: Sie haben Schneekappen

—

Frage: Warum sollte man nach 22Uhr nicht mehr Minecraft spielen?

Antwort: Weil dann die Elefanten kommen und Fallschirmspringen üben.

—

Frage: Womit fängt in Minecraft der Tag an und hört die Nacht auf?

Antwort: Mit einem ‚T' !

Minecraft Geheimnisse enthüllt!

Gehen zwei Minecraft-Spieler durch die Wüste.

Plötzlich sagt der eine: „Du lass mich auch mal in der Mitte gehen!"

-

Der eine Minecraft-Spieler fällt in den See, wird aber durch einen anderen Spieler gerettet.

Da fragt ihn der Retter: „Warum bist du denn nicht geschwommen?"

Antwortet der andere: „Na, wegen dem Schild dort drüben: ‚Schwimmen verboten'."

-

Sagt die Freundin des Minecraft-Spielers: „In der Küche passieren die meisten Unfälle."

Darauf antwortet der Minecraft-Spieler trocken: „Ja, und ich muss sie immer essen!"

—

Minecraft-Spieler im Multiplayer Modus. Ziel ist als Gemeinschaftsprojekt der Nachbau einer langen Autobahn.

Der Minecraft-Neuling der Gruppe erhält den Auftrag die Autobahn mit einem neuen Mittelstreifen zu versehen. Am Anfang schafft er 8 km pro Tag, am zweiten Tag 4 km, am dritten nur noch 600m. Da spricht ihn einer der Minecraft-Spieler aus dem Team an: „Also angefangen hast du gut, aber am Ende ziemlich nachgelassen!" Antwortet der Minecraft-Neuling: „Ja, aber der

Farbtopf ist ja immer weiter weg von mir gewesen!"

—

Zwei Minecraft-Spieler graben gemeinsam nebenher senkrecht nach unten und stellen dann fest, dass sie nicht mehr aus der Grube kommen. Dann wird es langsam dunkel und still. Nach einer Weile fragt der eine Minecraft-Spieler den anderen: „Schläfst du schon?"

Antwortet der andere: „Sag ich nicht!"

—

Ein Minecraft-Spieler steht auf einer riesenhohen Brücke und sagt: „Einundzwanzig, einundzwanzig, einundzwanzig…". Kommt ein anderer

Minecraft-Spieler vorbei und fragt: „Was machst du denn hier?"

Da schubst ihn der Minecraft-Spieler plötzlich von der Brücke und sagt: „Zweiundzwanzig, zweiundzwanzig, zweiundzwanzig…"

—

Kommt eine junge schwangere Frau in den Spiele-Store Laden und sagt: „Ich bekomme ein Minecraft-Spiel!"

Sagt der Verkäufer: „Sachen gibt's…"

—

Sagt die eine Minecraft-Mauer zur anderen: „Wir treffen uns an der Ecke!"

—

Sitzen zwei Minecraft-Spieler in der Wüste. Sagt der eine: „Rutsch mal ein Stück, ich will auch im Sand sitzen."

—

Drei Minecraft-Spieler treffen sich zum Minecraftspielen in Minecraft. Alle drei heißen Peter, bis auf Paul, der heißt Frank.

—

Der Begriff Minecraft kommt übrigens aus dem Lateinischen und bedeutet so viel wie: „Mensch starrt durch Fenster auf Klötzchen!"

Multiplayer games mit bösem Ende!

Alle Minecraft-Spieler gehen die Treppe runter, außer Gunter, der rutscht runter. Doch einmal stand ein Nagel vor; seit dem singt er im Knabenchor.

—

Alle Minecraft-Spieler…

… bekommen zu Weihnachten tolle Geschenke, außer Paul, der kriegt aufs Maul.

… erhalten eine Schwimm-Weste, nur nicht Bianca, die kriegt den Anker.

… bewundern die Schrottpresse, nur nicht Hagen, der ist noch im Wagen.

… konnte man sehen, aber nicht Jochen, den hat man gerochen.

… laufen Schlittschuh auf dem Eis, außer Vera, die war schwerer.

Wow Effekt im Schneckentempo!

1. Ein Minecraft-Spieler schlägt eine Schnecke tot. Fragt der andere Spieler: „Warum hast du das gemacht?"
   Antwortet dieser: „Weil mich dieses aufdringliche Vieh schon den ganzen Tag verfolgt!"

2. Ein Minecraft-Spieler isst einen faulen Apfel. Ein anderer Spieler fragt ihn: „Warum isst

du denn einen faulen Apfel?"
Antwortet der: „Also, als ich ihn anfing zu essen, war er ja noch gut…"

3. Was tat ein langsamer Minecraft-Spieler, als er in der Nase bohrte?
Er holt auch noch das letzte aus sich raus!

Minecrafter?
Die Allerbesten!

Minecraft-Spieler…

… können sich beim Reckturnen die Schuhe zubinden.

... kennen die reelle Wurzel aus -1.

... können unter Straßenmarkierungen hindurchkriechen

... bringen Zwiebeln zum Weinen

... lesen keine Bücher: Sie starren diese in Enderman-Art solange an, bis sie freiwillig sagen, was die Minecraft-Spieler wissen wollen.

... putzen keine Zähne, die Zähne putzen die Minecraft-Spieler

... schlafen nicht, sie warten auf das nächste Minecraft-Update.

... kennen die letzte Stelle von Pi.

... können mit einer Lupe Feuer machen

... auch NACHTS!

... können ein Viereck zeichnen mit drei Strichen.

... erschufen am nullten Tag Gott.

... haben Adam und Eva aus dem Paradies vertrieben, da diese einen Apfel von einem Baum einer nicht freigegebenen Map gegessen hatten.

... können ihren Ellenbogen lecken.

... trinken ein Glas Wasser ohne Glas.

... können ein heißes Messer mit einem Stück Butter durchschneiden.

-

Ende

Weitere Bücher der FUNCRAFT-Reihe von Theo von Taane:

Titel	Alter	ISBN
Funcraft - Das beste inoffizielle Mathe Ausmalbuch für Minecraft Fans (6-10 Jahre)	6-10	9783743196919
Funcraft - Das inoffizielle Mathe Ausmalbuch: Minecraft Minis (Cover Hase)	6-10	9783734781452
Funcraft - Das inoffizielle Mathe Ausmalbuch: Minecraft Minis (Cover Zombie)	6-10	9783743163744
Funcraft - Das inoffizielle Mathe Ausmalbuch: Minecraft Minis (Cover Dragon)	6-10	9783743182417
Funcraft - Das inoffizielle Mathe Ausmalbuch: Superhelden im Minecraft Skin (Cover Batman)	6-10	9783743192904
Funcraft - Das inoffizielle Mathe Ausmalbuch: Superhelden im Minecraft Skin (Cover Superman)	6-10	9783743192836
Funcraft - Das inoffizielle Witzebuch für Minecraft Fans	8-14	9783743192539
Funcraft - Noch mehr inoffizielle Witze für Minecraft Fans	8-14	9783743192607
Funcraft - Die besten inoffiziellen Witze für Minecraft Fans	8-14	9783743193192
Funcraft - Die lustigsten inoffiziellen Witze für Minecraft Fans	8-14	9783743195240
Funcraft - Das inoffizielle Rätselbuch für Minecraft Fans	8-14	9783743195387
Funcraft - Noch mehr inoffizielle Rätsel für Minecraft Fans	8-14	9783743195400
Funcraft - Das inoffizielle Offline Spielebuch für Minecraft Fans	8-14	9783743195424
Funcraft - Das inoffizielle Quizbuch für Minecraft Fans	8-14	9783741291203
Funcraft - Noch mehr inoffizielle Quizfragen für Minecraft Fans	8-14	9783739235592
Funcraft - Das inoffizielle Rekordebuch für Minecraft Fans	8-14	9783743165502
Funcraft - Das inoffizielle Hausaufgabenbuch für Minecraft Fans	8-14	9783743177666
Funcraft - Aufstand in Germanien (Ein Minecraft inspirierter Roman)	12-99	9783743196858
Funcraft - Eiszeitjäger: Auf der Fährte des Löwen (Ein Minecraft inspirierter Roman)	12-99	9783743196865
Funcraft - Das beste inoffizielle Notizbuch (liniert) für Minecraft Fans	6-99	9783743196872
Funcraft - Das inoffizielle Notizbuch (kariert) für Minecraft Fans	6-99	9783743196889
Funcraft - Frohes Neues Jahr an alle Minecraft Fans! (inoffizielles Notizbuch) - Das	6-99	9783743196896
Funcraft - Fröhliche Weihnachten an alle Minecraft Fans! (Inoffizielles Notizbuch)	6-99	9783743196902
Passwort Logbuch für Minecraft Fans	6-99	9783743163928
Pokefun - Das inoffizielle Witzebuch für Pokemon GO Fans	6-99	9783743109780
Pokefun - Das inoffizielle Quizbuch für Pokemon GO Fans	6-99	9783743109827
Pokefun - Das inoffizielle Notizbuch (Team Rot) für Pokemon GO Fans	6-99	9783743109841
Pokefun - Das inoffizielle Notizbuch (Team Gelb) für Pokemon GO Fans	6-99	9783743109858
Pokefun - Das inoffizielle Notizbuch (Team Blau) für Pokemon GO Fans	6-99	9783743109865
Pokefun - Das absolut inoffizielle Notizbuch für Pokemon GO Fans	6-99	9783743109834
Weltbester Radfahrer - Notizbuch	6-99	9783738610161
Weltbester Inline Skater - Notizbuch	6-99	9783738610178
Weltbester Skifahrer - Notizbuch	6-99	9783738610185
Weltbester Snowboarder - Notizbuch	6-99	9783738610192
Weltbester Sportler - Notizbuch	6-99	9783738610208
Weltbester Surfer - Notizbuch	6-99	9783738610215
Weltbester Taucher - Notizbuch	6-99	9783738610222
Weltbester Tennisspieler - Notizbuch	6-99	9783738610239
Weltbester Volleyballer - Notizbuch	6-99	9783738610246
Weltbester Wassersportler - Notizbuch	6-99	9783738610253

Sport Notiz- und Taktikbücher von Theo von Taane:

- Basketball Notiz- und Taktikblock ISBN: 9783734748110
- Eishockey Notiz- und Taktikblock ISBN: 9783734748387
- Feldhockey Notiz- und Taktikblock ISBN: 9783734748844
- Fußball Notiz- und Taktikblock ISBN: 9783734748851
- Futsal Notiz- und Taktikblock ISBN: 9783734748868
- Handball Notiz- und Taktikblock ISBN: 9783734748875
- Lacrosse Damen Notiz- und Taktikblock ISBN: 9783734748882
- Lacrosse Herren Notiz- und Taktikblock ISBN: 9783734748905
- Korbball Notiz- und Taktikblock ISBN: 9783734748936
- Schach Notiz- und Taktikblock ISBN: 9783734748950
- Squash Notiz- und Taktikblock ISBN: 9783734748974
- Tennis Notiz- und Taktikblock ISBN: 9783734746406
- Tischtennis Notiz- und Taktikblock ISBN: 9783734748967
- Volleyball Notiz- und Taktikblock ISBN: 9783734748981

Motiv Notizbücher von Theo von Taane:

Titel	ISBN
Weltbeste Tennisspielerin	9783738610055
Weltbester Angler	9783738610062
Weltbester Bauarbeiter	9783738610079
Weltbester Eishockeyspieler	9783738610086
Weltbester Gärtner	9783738610093
Weltbester Golfer	9783738610109
Weltbester Jäger	9783738610116
Weltbester Judokämpfer	9783738610123
Weltbester Karatekämpfer	9783738610130
Weltbester Kraftsportler	9783738610147
Weltbester Läufer	9783738610154
Weltbester Radfahrer	9783738610161
Weltbester Inline Skater	9783738610178
Weltbester Skifahrer	9783738610185
Weltbester Snowboarder	9783738610192
Weltbester Sportler	9783738610208
Weltbester Surfer	9783738610215
Weltbester Taucher	9783738610222
Weltbester Tennisspieler	9783738610239

Von Theo von Taane gibt es weit mehr als 200 Witzebücher, Notizbücher, Romane, Spiele, Tools, Sportbücher und Kalender. Im Store einfach mal nach „Theo Taane" suchen. Weitere Bücher in Vorbereitung!

Viel Spaß!